Karin Kampwerth

Alles easy

Prima Klima in der Klasse

Mit Bildern von
Alexander Weiler

THIENEMANN

Das Beste an der Schule sind eindeutig die Pausen, in denen man so richtig Spaß mit seinen Freunden haben kann. Doch leider gibt es nicht nur nette Mitschüler, manche entwickeln sogar ein echtes Biotop an Bösartigkeiten. Wie du dich gegen Gemeinheiten aller Art zur Wehr setzen kannst, wie du dir Freunde machst und wie die Schule von der reinen Lernfabrik ganz schnell zu einem Ort für Fun und Action werden kann, erfährst du auf den folgenden Seiten.

NEIN ZU MOBBING

Leider sind es oft die eigenen Mitschüler, die es einem nicht gerade leichter machen, morgens aus dem Bett zu kriechen, um einen neuen Schultag zu überstehen. Besonders erschreckend ist, dass die Zahl von Mobbing-Opfern an Schulen ständig steigt. Das hat vielerorts Schulpsychologen auf den Plan gerufen, die verschiedene Strategien entwickelt haben, wie sich Schüler wehren und den Feinden im Klassenzimmer den Wind aus den Segeln nehmen können. Nicht jede Feindseligkeit ist aber gleich als Mobbing zu bezeichnen.

Beim Mobben geht es um Schikanen mit System, bei denen anderen das Leben mehr als schwer gemacht wird. Generell gilt: Fühlst du dich tatsächlich als Opfer von Mobbing-Attacken, solltest du so schnell wie möglich deinen Vertrauenslehrer aufsuchen und auch deine Eltern einweihen. Vor allem solltest du keinesfalls aus Angst Gewalt oder Erpressungsversuche gegen dich hinnehmen. Auch gezieltes Schlechtmachen deiner Person vor den anderen Mitschülern kann Mobbing-Ausmaße annehmen. In jedem Fall solltest du professionelle Hilfe suchen. Falls deine Lehrer kein Verständnis haben, kannst du dich auch bei anderen Beratungsstellen informieren lassen.

Mobbing

Der Begriff stammt aus dem Englischen und bedeutet »anpöbeln, fertigmachen« (mob = Pöbel, mobbish = pöbelhaft). Unter Mobbing verstehen Experten eine bestimmte Form von offener oder versteckter verbaler oder körperlicher Gewalt, die sich über einen längeren Zeitraum hin erstreckt. Das Ziel dabei ist die Ausgrenzung des Opfers aus einer sozialen Gemeinschaft wie der Klassengemeinschaft.

Das ist Mobbing

Für den Betroffenen ist es in jedem Fall heikel, mit Mobbing-Attacken umzugehen, schließlich haben die Bösartigkeiten nur ein Ziel: ihn fertigzumachen. Dazu gehören hinterhältige Lästereien, Verleumdungen, Demütigungen, Drohungen oder auch sexuelle Belästigungen. Schüler werden gezielt und über einen längeren Zeitraum gehänselt, beschimpft und ausgegrenzt, sie werden bei Lehrern angeschwärzt und auch am Telefon terrorisiert. Im schlimmsten Fall werden sie geschlagen oder gequält und Sachen werden zerstört. Wer gemobbt wird, leidet zunächst meist still vor sich hin, weil er die Schuld auch bei sich selbst sucht. Die Auswirkungen von Mobbing auf das Opfer sind extrem und führen vom Verlust des Selbstvertrauens bis hin zu Schlaf- und Konzentrationsstörungen, Appetitlosigkeit, Alpträumen und Bauchschmerzen. Betroffene Schüler ziehen sich zurück und wollen nicht mehr in die Schule gehen. Der Lernerfolg lässt nach. Wenn du das Gefühl hast, dass gegen dich eine Mobbing-Kampagne läuft, oder wenn du glaubst, dass einer deiner Mitschüler von Mobbing betroffen ist, kannst du handeln.

Wenn du selbst betroffen bist

... bereite dich vor:
Spiel Mobbing-Situationen im Geist oder in Gesprächen mit deinen besten Freunden durch. Dazu gehört auch, dir klar zu machen, welches persönliche Risiko du eingehen willst. Wird dir Gewalt angedroht oder wirst du tatsächlich angegriffen, ist es besser, sofort Hilfe zu holen, als gar nichts zu tun.

... bleib ruhig:
Zeigst du Angst und Panik, könntest du deine Widersacher noch mehr herausfordern. Schaffst du es hingegen, die Ruhe zu bewahren, wirkst du auch auf deine Gegner beruhigend.

... blick deinem Angreifer in die Augen:

Über den Blickkontakt hast du sozusagen einen Draht zu deinem Angreifer. Sprich laut und deutlich mit ihm, vermeide dabei aber, ihn zu beleidigen oder zu beschimpfen, um ihn nicht noch mehr zu reizen.

... hol dir Hilfe:

Gibt es Zuschauer, sprich sie gezielt an und bitte sie um Hilfe. Das

funktioniert, wenn du beispielsweise sagst: »Sie in dem roten Mantel, bitte helfen Sie mir.« Sind es Mitschüler, die den Vorfall beobachten, solltest du sie namentlich ansprechen und um Unterstützung bitten.

... schreib ein Mobbing-Tagebuch: Dokumentiere jede Hänselei oder Drohung und jeden Vorfall, der deinen Mobbing-Verdacht bestärkt, in einem Notizbuch. Beschreibe darin auch die Gefühle, die du in der jeweiligen Situation hattest. Anhand dieser Aufzeichnungen fällt es Vertrauenslehrern und auch deinen Eltern leichter, das Ausmaß des Mobbings zu erkennen und entsprechende Hilfe einzuleiten.

Wenn ein Mitschüler betroffen ist

... achte auf die Warnsignale:
Auch wenn du nicht direkt Zeuge von Angriffen oder Psychoterror geworden bist, kannst du an bestimmten Anzeichen erkennen, ob ein Mitschüler eventuell unter Mobbing zu leiden hat. Mobbing-Opfer fehlen zum Beispiel häufig in der Schule oder kommen zu spät aus Angst, auf dem Schulweg von den Mobbern abgepasst zu werden. Sie bleiben auch nach Unterrichtsende oder zur Pause länger in der Klasse als alle anderen.

... unterstütze die Täter nicht:

Vermeide Witze auf Kosten des Mobbing-Opfers auch dann, wenn es nicht zu deinen besten Freunden gehört. Mach jedem klar, dass du Mobbing nicht stillschweigend zulässt.

... werde aktiv:

Hast du das Gefühl, dass sich das Mobbing-Opfer zusehends isoliert und Angst hat, sich Hilfe zu holen, geh zu eurem Klassen- oder Vertrauenslehrer und sprich deinen Verdacht aus. Biete dem betroffenen Mitschüler selbst deine Unterstützung an.

... beziehe deine Klasse ein:
Schildere während des Unterrichts deinem Klassenlehrer deine Beobachtungen und rege eine Diskussion darüber an.

... wende dich an die SMV oder den Schülerrat:
Vielleicht könnt ihr einen Projekttag zum Thema Mobbing an der Schule organisieren. Das kann auch vorbeugend helfen, schon bevor es überhaupt zu einem konkreten Mobbing-Fall gekommen ist. Denn deinen Mitschülern könnte dadurch die Problematik erst einmal bewusst gemacht werden und sie für Vorfälle sensibilisieren, die in den Bereich des Mobbings fallen.

Die Liste der Gemeinheiten von Schülern gegen Schüler ist lang und reicht vom Stören im Unterricht, obwohl die anderen lernen wollen, bis hin zu Gewalt und Diebstahl. Nicht jede Bösartigkeit, die dir oder deinen Mitschülern passiert, ist gleich Mobbing. Wer sich ständig rüpelhaft dir gegenüber verhält, könnte damit auch einfach nur beabsichtigen, deine Aufmerksamkeit zu erwecken. Das gilt besonders für das Verhältnis zwischen Mädchen und Jungs. Dennoch: Es gibt keinen Grund dafür, dir Gemeinheiten von Mitschülern gefallen zu lassen.

Vor allem Jungs neigen zu Beginn der Pubertät dazu, Mädchen, die ihnen gefallen, richtig blöd anzureden. Ganz einfach, weil sie selbst von ihren eigenen Gefühlen überrascht werden und noch nicht in der Lage sind, damit umzugehen. Auch wenn in diesem Fall der Spruch gilt »Was sich liebt, das neckt sich«, kann so ein ruppiges Benehmen ganz schön nerven. Aber auch Mädchen können einem mit ihrem Gezicke und Gelästere gewaltig auf den Geist gehen. Manchmal gibt es auch regelrechte Zickenkriege unter Schülerinnen. Hier spielt häufig Eifersucht eine große Rolle. Vielleicht will ein Mädchen ein anderes nur deshalb ausbooten, weil sie das Gefühl hat, sonst keine Chance für die Aufnahme in der Clique zu haben. Mit ein wenig Fingerspitzengefühl und mit diesen Tipps und Tricks kannst du sämtliche negativen Vibrations aus dem Klassenzimmer verbannen.

Wenn ein Mitschüler ständig stört

Hast du jemanden in der Klasse, der es immer wieder schafft, für Chaos zu sorgen, ist irgendwann Schluss mit lustig. Vor allem wenn es darum geht, Stoff für die nächste Klassenarbeit zu wiederholen, oder ihr an einen Lehrer geratet, der die Sippenhaft aus dem Mittelalter bevorzugt und die ganze Klasse für das mit bestraft, was eigentlich auf das Konto eines Einzelnen geht.

Das hilft: Ein offenes Wort kann den Störer schnell auf den Boden der Tatsachen bringen. Weil er erkennt, dass er sich mit seinem Verhalten keine Freunde macht, obwohl das der wahrscheinlichste Grund für sein Handeln ist. Vielleicht ist der Störer ja zu wenig in die Klassengemeinschaft eingebunden, weshalb er versucht die Aufmerksamkeit der anderen zu erregen. Gut, wenn du Verbündete in der Klasse findest, die dich bei dem Gespräch unterstützen. Aber Vorsicht: Wollt ihr den Störer zur Rede stellen, solltet ihr nicht als eine große Gruppe auftreten, sondern ein oder zwei Sprecher vorschicken. Sonst fühlt sich der Betroffene allzu leicht bedroht und schaltet erst recht auf stur. Er würde sich dann noch mehr als Außenseiter vorkommen, dabei wäre es viel sinnvoller, wenn ihr versuchen würdet den Störer besser in die Klasse zu integrieren.

Wenn es eine Läster-Clique gibt

Lästereien gegenüber Mitschülern müssen nicht gleich Mobbing-Ausmaße annehmen, um einem ganz gewaltig auf den Senkel zu gehen. Auch wenn die Tuscheleien hinter dem Rücken eines anderen nicht darauf abzielen, jemanden auf Dauer zu schikanieren und fertigzumachen, und auch wenn es keine weiteren Angriffe auf das Lästeropfer gibt, kann so etwas das Klassenklima ganz schön belasten.

Das hilft: Wird über dich selbst gelästert, rede mit den betreffenden Mitschülern. Mach ihnen klar, dass du mitbekommst, was läuft. Das allein genügt häufig schon, dass sich die meisten nicht mehr an den Lästereien beteiligen. Sprich auch den Tuschelanführer direkt auf sein Verhalten an. Frag, was er gegen dich hat. Dabei könnt ihr eventuelle Missverständnisse zwischen euch klären und ein gutes Miteinander erreichen.

Abgesehen davon: Hand aufs Herz! Bestimmt lästerst du selbst auch ab und an über jemanden, den du nicht besonders leiden kannst. Lästern ist manchmal ganz okay. Vor allem wenn es nur darum geht, seiner Wut über jemanden Luft zu machen. Immer gleich die direkte Konfrontation mit dem Quälgeist zu suchen wäre zwar die fairste Lösung, würde aber auch dazu führen, bestimmten Dingen zu großen Wert beizumessen.

Klar, wenn jemand Unwahrheiten über dich verbreitet und dich das wirklich ärgert, solltest du ein klärendes Gespräch suchen. Aber stört sich jemand an deiner neuen Frisur oder deinen Lieblingsschuhen, lohnt es sich nicht unbedingt, sich darüber aufzuregen. Werte es einfach als Kompliment, dass man dir so viel Bedeutung zuerkennt, sich über dich zu unterhalten.

Wenn in deiner Klasse geklaut wird

Ein Radiergummi, ein schöner Stift, ein Ring, ein paar Euro – wenn es immer häufiger vorkommt, dass dir etwas aus deiner Schultasche fehlt, liegt der Verdacht nahe, dass du die Dinge nicht einfach verloren hast, sondern es sich um Diebstahl handelt.

Das hilft: Sprich deine Befürchtungen offen in der Klasse an, ohne dabei Namen zu nennen. Möglicherweise ist auch deinen Mitschülern in der letzten Zeit mehrmals etwas abhanden gekommen. Der Dieb ist damit vorgewarnt, dass sein

Verhalten aufgefallen ist. Hast du einen konkreten Verdacht, wer dich und deine Mitschüler beklaut, musst du das auch beweisen können, bevor du den mutmaßlichen Dieb bei deinem Klassenlehrer meldest. Vielleicht kannst du gemeinsam mit einem Freund oder einer Freundin eine Falle stellen und beispielsweise einen Ring auf deinem Pult liegen lassen. Beobachtet den »Verdächtigen« und stellt ihn sofort zur Rede, falls er tatsächlich zugreift. Allerdings solltet ihr vermeiden, ihn öffentlich an den Pranger zu stellen. Bleibt bei eurer Detektivarbeit lieber ganz diskret und versucht auch herauszufinden, warum euer Mitschüler »lange Finger« bekommen hat. Vielleicht will er damit nur Aufmerksamkeit auf sich ziehen. Oder aber es gibt bei ihm zu Hause finanzielle Probleme und er möchte trotzdem mit dem materiellen Standard mithalten. Das darf für den Dieb natürlich keine Entschuldigung sein. Aber ihr könnt möglicherweise verhindern, dass er weiterhin zugreift, und ihm besser helfen, wenn ihr seine Motive kennt.

FUN, ACTION UND TOLLE FREUNDE

Jeder ist gefragt, damit in der Klasse klasse Stimmung herrscht! Klar, dass du dabei nicht mit allen gleich gut befreundet sein kannst. Trotzdem solltest du morgens mit einem guten Gefühl dein Klassenzimmer betreten und dich auf Fun mit deinen besten, guten und selbst weniger guten Freunden freuen können. Dass es mal Spannungen gibt, ist ganz normal. Aber sie sollten möglichst schnell geklärt und aus dem Weg geräumt werden. Denn es wäre doch echt schade, die Zeit, die man miteinander verbringen muss, nicht möglichst angenehm zu gestalten. Und schon manch einer hat in seinem anfangs argwöhnisch betrachteten Banknachbarn einen Freund fürs Leben gefunden.

Fünf Tricks für Toplaune

Hängen dauernd dicke Gewitterwolken über eurem Klassenzimmer oder habt ihr euch wirklich nichts zu sagen, muss das nicht so bleiben. Mit einfachen Mitteln kann man das Klassenklima oft erheblich aufhellen. Und manchmal muss man seine Mitschüler nur näher kennenlernen, um sich besser miteinander zu verstehen. Und schwupp, seid ihr eine eingeschworene Gemeinschaft!

1. Lass Außenseiter nicht außen vor

Ist jemand Außenseiter und wird von den anderen belächelt oder links liegen gelassen? Bestimmt hat auch er Qualitäten, die du bei einem Treffen außerhalb der Schulzeit locker rausfindest. Steht eine Party eines Mitschülers an, überrede ihn, den Außenseiter auch einzuladen, und begründe das damit, dass er beispielsweise super Feten-CDs hat oder eigentlich voll nett, aber leider schüchtern ist. Beziehe ihn auch in der Pause mit ein, wenn er wieder einmal alleine an seinem Apfel kaut. Ein einfaches »Komm doch rüber zu uns« wirkt oft schon Wunder.

2. Streber willkommen

Kämpft einer deiner Klassenkameraden immer mit vollem Einsatz an der vordersten Notenfront, ist das noch lange kein Grund, ihn deshalb auszugrenzen. Im Gegenteil: Überzeuge lieber deine Mitschüler davon, dass sein Ehrgeiz auch für die nicht ganz so Eifrigen Vorteile haben kann. Schließlich ist es nicht schlecht, jemanden in der Klasse zu haben, der für knifflige Lehrerfragen zuständig ist. Das hält den muffligsten Pauker bei Laune. Musterschüler sind häufig unsicher, wie sie bei ihren Klassenkameraden ankommen, weil sie einerseits gerne und gut lernen und andererseits schlau genug sind, um zu wissen, dass sie sich damit nicht immer Freunde machen. Bestärke die Superlerner in ihrem Selbstbewusstsein, indem du sie bittest, unklaren Stoff zu erklären oder Tipps für die nächste Klassenarbeit zu geben. Das verbessert gleichzeitig ihr Ansehen in der Klasse, weil ihre Hilfsbereitschaft unter den Mitschülern bestimmt positiv aufgenommen wird.

3. Vermittler gesucht

Gibt es Stress in der Klasse, weil Mitschüler Zoff haben, versuch den Grund dafür in Gesprächen mit den beiden Streithähnen rauszufinden. Schlage vor, dass sie sich an einen Tisch setzen und du zwischen ihnen vermittelst, um die Ursache für den Streit aus dem Weg zu räumen. Mediation heißt das Zauberwort. Dabei sorgst du schon allein durch deine Anwesenheit dafür, dass sich die beiden Kampfhähne nicht andauernd unterhalb der Gürtellinie angreifen oder beleidigen, sondern dass sie die Chance wahrnehmen, ihre Kommunikation wieder auf ein vernünftiges Niveau zu bringen.

4. Party-Power

Klassenfeten sind perfekt, um für gute Stimmung unter den Mitschülern zu sorgen. Nimm die Planung dafür in die Hand und bilde Teams, die sich um die Erlaubnis der Schulleitung, Getränke, Knabbereien, Musik und Unterhaltung kümmern.

Wenn es dir gelingt, alle Mitschüler in die Vorbereitung einzubeziehen, hast du gleichzeitig mögliche Außenseiter an der Angel. Weil auch sie sich mit ihren Ideen in die Gemeinschaft mit einbringen können und somit eine tolle Gelegenheit haben, einen besseren Draht zu ihren Mitschülern zu bekommen.

5. Action-Programme

Tolles Wetter, super Kinoprogramm, neue Skaterbahn – deine Ideen für Freizeit-Fun am Nachmittag sind gefragt. Erkundige dich

in der Klasse, wer Lust hat, mit ins Schwimmbad zu kommen, einen Film anzusehen oder was für die Fitness zu tun. Klar kann nicht immer jeder dabei sein. Aber wenn sich hin und wieder einige aus der Klasse auch am Nachmittag für gemeinsame Unternehmungen treffen, kommt ihr untereinander immer öfter ins Gespräch. Und vielleicht stellst du plötzlich fest, dass du von dem einen oder anderen Mitschüler einen völlig falschen Eindruck hattest.

Quicktipps für Schüchterne

Wichtig für gute Stimmung in der Klasse sind natürlich auch die, die nicht unbedingt zu den »Leadern« gehören und deren Ding es einfach nicht ist, an vorderster Front zu kämpfen und ständig für Action zu sorgen. Auch eher schüchterne Schüler können Beiträge zur Klimaverbesserung im Klassenzimmer leisten. Dabei reichen nämlich oft Kleinigkeiten aus, mit denen du Großes bewirken kannst. Und zwar auf die Schnelle und auch noch fast lautlos.

QUICKTIPP 1: Freie Sicht

Du bekommst mit, dass dein Tischnachbar sich die Haare über einen Test oder eine Klassenarbeit rauft. Leg dich nicht gleich mit deinen Ellenbogen über dein eigenes Blatt, sondern verschaff deinem Nachbarn ein wenig Luft, indem du ihm freien Blick auf deine Aufgabenlösungen ermöglichst. Das ist weder strafbar, noch hätte es für dich Konsequenzen, wenn der kleine Schwindel auffliegen sollte. Wenn alles glatt geht, kannst du aber sicher sein, dass der »Abschreiber« dir superdankbar ist und das auch an deine Klassenkameraden weitergeben wird.

QUICKTIPP 2: Smiley

Gibt es einen Außenseiter in deiner Klasse, musst du nicht gleich die große Konferenz einberufen. Oft reicht es schon, demjenigen, der ständig auf dem Pausenhof abseits steht, ein nettes Lächeln rüberzuwerfen. Das motiviert häufig genug, sodass er sich traut, sich zu euch zu stellen. Weil er im Stillen weiß, dass er in dir jemanden gefunden hat, der sich mit ihm verbündet.

QUICKTIPP 3: Nein zum Lästern
Gehörst du eher zu den Stillen in deiner Klasse, kannst du das auch positiv zum Prinzip machen. Ganz einfach, indem du dich auch an Lästereien nicht beteiligst und deine Ablehnung gegen diese Tuscheleien hinter jemands Rücken demonstrativ geltend machst. Wie das funktioniert? Geh weg, wenn die Lästerrunde wieder durchstartet. Damit regst du »Mitläufer« zum Nachdenken über ihr Handeln an. Und bestimmt wird dich schnell jemand darauf ansprechen, wie gut er es eigentlich findet, dass du dich bei Gemeinheiten außen vor hältst.

VOLLE KRAFT FÜR DEINE KLASSE

Du bist nicht nur engagiert, um für ein gutes Miteinander unter deinen Klassenkameraden zu sorgen, sondern auch motiviert, die Stimmung im positiven Bereich zu halten? Du setzt dich für Schüler ein, die es in der Klasse nicht ganz leicht haben? Du wehrst dich gegen Ungerechtigkeiten von Lehrern oder unfaire Entscheidungen, die von der Schulleitung kommen? Keine Frage, dann hast du das Zeug zum Klassensprecher. Trau dich ruhig und stell dich bei der nächsten Wahl zur Verfügung.

Der Klassensprecherjob

Die Aufgaben von Klassensprechern lassen sich in zwei Bereiche einordnen: Einerseits sind sie direkt in der Klasse gefordert, andererseits beteiligen sie sich aktiv an der Gestaltung des Schullebens über die Schülermitverwaltung.

In der Klasse

Du bist erster Ansprechpartner für deine Mitschüler, wenn es Zoff untereinander oder mit Lehrern gibt. Kommt ein Schüler mit einem Lehrer nicht klar, kannst du ihn unterstützen, um dem Konflikt den Zündstoff zu nehmen. Wünsche, Anregungen oder Kritik der ganzen Klasse trägst du an die Lehrer heran und versuchst dabei zu helfen, eine Lösung zu finden. Notfalls kannst du Kontakt zu eurem Vertrauenslehrer aufnehmen. Wenn es um Anregungen deiner Mitschüler für gemeinsame Aktivitäten geht, bist du für die organisatorische Umsetzung verantwortlich. Gleichzeitig kannst du deine Klasse mit eigenen Vorschlägen motivieren, mal etwas zusammen zu unternehmen.

In der Schülermitverwaltung

Als Klassensprecher wählst du zusammen mit deinen »Kollegen« aus den anderen Klassen den Schülersprecher und die jeweiligen Verbindungs- oder Vertrauenslehrer. Bei Klassensprecherversammlungen bist du mit dabei und kannst Wünsche, Kritik oder Anregungen einbringen. Bei Veranstaltungen der ganzen Schule darfst du mitplanen und kannst die Interessen deiner Klasse vertreten. Toll, wenn du Kontakt zu anderen Klassensprechern, beispielsweise aus Parallelklassen, hältst, weil häufig Probleme anstehen, die ihr gemeinsam besser bewältigen könnt. Das gilt vor allem, wenn ihr mit einem ganz bestimmten Lehrer nicht klarkommt.

Talent zum Klassensprecher hast du, wenn du ...

... ein gutes Image in der Klasse hast und deine Mitschüler dir vertrauen.

... dich gut ausdrücken kannst und in der Lage bist, einen Standpunkt sachgerecht zu vertreten.

... bereit bist, deine eigenen Interessen hinter den Interessen deiner Klasse zurückzustellen.

... einplanst, dass auch ein kleiner Teil deiner Freizeit für das Klassensprecheramt draufgehen wird.

... einen guten Stand bei den Lehrern hast.

So wirst du Klassensprecher

Mach es den Politikern nach und entwickle eine Strategie dafür, dass dich deine Mitschüler zum Klassensprecher wählen. Was du dir nicht von der großen Politik abgucken solltest, sind unfaire Aktionen wie das Abwerten des derzeitigen Klassensprechers oder Unterstellungen, dass du in kniffligen Fällen anders oder besser gehandelt hättest. Erlaubt ist hingegen, dass du dich mit dem aktuellen Klassensprecher persönlich auseinander setzt, falls sich deine Mitschüler von ihm nicht ausreichend vertreten fühlen.

Wenn du alle Spielregeln beachtest, darfst du ruhig Werbung für dich machen. Wie das funktioniert, erfährst du im Folgenden.

Interesse für das Amt zeigen
Deute möglichst frühzeitig an, dass du es dir vorstellen kannst, Klassensprecher zu werden. Kläre, ob der bisherige Klassensprecher Interesse daran hat, sein Amt weiterzuführen. Sprich dabei auch offen und ehrlich darüber, dass du selbst gerne Klassensprecher wärst. Vielleicht gibt es auch die Möglichkeit, als Team anzutreten, oder aber du übernimmst zunächst nur seine Vertretung, um dich in die Aufgaben einzuarbeiten.

Vertrauen gewinnen

Zeig deinen Mitschülern, dass ihre Geheimnisse bei dir sicher sind. Wie das geht? Ganz einfach, indem du dich nicht an allgemeinen, harmlosen Lästerrunden beteiligst und keine Dinge ausplauderst, die dir jemand anvertraut hat.

Überzeugungsarbeit leisten

Kläre in Einzelgesprächen oder indem du dich an größere Gruppen oder die ganze Klasse wendest, was von einem Klassensprecher erwartet wird. Vielleicht kannst du eine Diskussion über das Klassensprecheramt im Unterricht anregen.

Vorschläge bringen

Erzähle deinen Mitschülern von deinen Ideen. Vielleicht hat euer Klassenzimmer ja einen Tapetenwechsel dringend nötig und du ergreifst die Initiative, eine Verschönerungsaktion auf die Beine zu stellen. Du kannst auch Anregungen für die Sitzordnung sammeln und mit dem Klassenlehrer besprechen. Immer gefragt ist das Engagement des Klassensprechers, wenn es um die Planung von Ausflügen oder Schullandheimaufenthalten geht.

FAIR PLAY BEIM SPORT-UNTERRICHT

Es ist schon sonderbar: Ist man in Englisch, Mathe oder Chemie der volle Loser, hat das auf den Stand in der Klassengemeinschaft keinerlei negative Auswirkungen. Unsportliche Typen hingegen müssen oft Hänseleien ertragen. Nicht jeder ist eben eine Sportskanone und auf direktem Weg zur Olympiateilnahme, wenn es ums Rennen, Weitspringen oder Turnen geht. Kein Wunder, dass manche Schüler dazu neigen, lieber einen großen Bogen um die Turnhalle zu machen, oder sich die abenteuerlichsten Entschuldigungen ausdenken, um sich vorm Sportunterricht zu drücken.

Manchmal stecken aber auch ganz persönliche Gründe hinter der Ablehnung des schulisch verordneten Fitness-Programms. Vielleicht gibt es in deiner Klasse ein Mädchen mit Figurproblemen, die sich nur deshalb nicht traut, am Sport teilzunehmen, weil sie sich im engen Sportdress vor den anderen schämt.

Es kann natürlich auch sein, dass euer Sportlehrer nicht gerade das sensibelste Händchen bei der Beurteilung der Schüler hat und es schafft, mit fiesen Bemerkungen jemanden andauernd zu verletzen oder zum Opfer für Spott zu machen. Und natürlich gibt es Mädchen, die alle vier Wochen mit Bauchkrämpfen wegen ihrer Regel zu kämpfen haben und einfach nicht in der Lage zu körperlichen Anstrengungen sind. Das aber ist kein Grund für Lehrer und Mitschüler, sich abfällig darüber zu äußern oder lustig zu machen.

Hilf mit, mehr Sportlichkeit und Fair Play in den Sportunterricht zu bringen, damit sich niemand aus der Klassengemeinschaft ausgegrenzt fühlt, nur weil er zwei linke Beine hat. Mit diesen Tipps wird aus deiner Klasse auch beim Sport ein super Team:

Spagat zwischen Lehrern und Schülern

Wird einer deiner Mitschüler aufgrund fehlender Höchstleistungen immer wieder von eurem Sportlehrer bloßgestellt, kannst du handeln. Etwa, indem du Partei für den Schüler ergreifst, wenn der Lehrer mal wieder einen Lattenschuss in puncto Ton hinlegt. Oder aber, indem du den Schüler ermutigst, sich selber zur Wehr zu setzen. Dabei kannst du anbieten ihn zum Gespräch zu begleiten. Tipp: Im Notfall ist der Vertrauenslehrer euer bester Ansprechpartner.

Rote Karte für Lästerer

Sind es die Mitschüler, die immer wieder während des Sportunterrichtes über jemanden herziehen, ist es höchste Zeit für einen Platzverweis. Mach den anderen klar, dass es keinen Grund dafür gibt, jemanden nur wegen seiner Unsportlichkeit zu verurteilen. Das funktioniert am besten, wenn du dir die Lästerer einzeln vorknöpfst und ihnen die Folgen ihres Verhaltens klar machst. Schließlich passiert es superschnell, dass auch die anderen Schüler sich dem Oberlästerer anschließen und völlig gedankenlos ihre Späße über die vermeintliche Sportniete machen.

Traust du dich nicht, den Lästerer direkt anzusprechen? Auch kein Problem. Ist der Sportlehrer in Ordnung, wirst du ein offenes Ohr bei ihm für dieses Problem finden. Und: Du kannst dich natürlich auch an euren Klassensprecher wenden und um Schützenhilfe bitten.

1:0 für Außenseiter

Geht es um die Wahl von Teams für Mannschaftsspiele während des Sportunterrichts, kommt es vor, dass immer die gleichen Mitschüler erst ganz zum Schluss in die Mannschaft gewählt werden. Der Grund: Ihnen wird nicht zugetraut das Team zur Gewinnermannschaft zu machen. Klar, dass es den Betroffenen nicht gerade einen Kick fürs Selbstbewusstsein gibt, wenn sie immer als Letzte übrig bleiben. Sprich das Problem bei deinem Sportlehrer oder dem Klassensprecher an, denn häufig steckt hinter diesen Ausgrenzungsaktionen gar kein böser Wille, sondern nur die Lust, am Ende des Wettkampfs auf dem Siegertreppchen zu stehen.

Vielleicht gelingt es euch, in einer offenen Diskussion eine Lösung zu finden. Oder du regst an, dass immer der Sportlehrer die Teams zusammenstellt. Am gerechtesten wäre es, die Teams über das Losverfahren auszuwählen.

LIEBLINGS-LOCATION SCHULE

Okay, es ist eher unwahrscheinlich, dass du dir jeden Morgen deinen Wecker schon eine halbe Stunde früher stellst, weil du es kaum erwarten kannst, in die Schule zu kommen. Trotzdem kann selbst die auf den ersten Blick ödeste Lehranstalt schnell zu einem Ort werden, wo du jede Menge Spaß hast. Das richtige Equipment, positives Denken und Engagement rollen quasi einen roten Teppich aus, auf dem Fun und Action Einzug in deine Schule halten können. In diesem Kapitel findest du viele Fun-Facts für Klassenzimmer und Pausenhof, die sich im Handumdrehen umsetzen lassen.

Pausen-Power

Mit den Freunden während der Pause quatschen ist supernett. Doch manchmal könnte es ruhig ein bisschen mehr Action sein. Und überhaupt, euer Pausenhof wirkt eher wie ein trister »Abstellplatz« für nicht beschäftigte Schüler. Das muss aber nicht so bleiben. Such dir deshalb Mitstreiter in deiner Klasse und sammelt Vorschläge für eine schönere Gestaltung des Pausenhofs. Vielleicht ist es ja über die Schülermitverwaltung oder den Schülerrat möglich, eine Umfrage unter allen Schülern zu machen, um Anregungen für einen farbenfroheren Pausenhof zu kriegen. Außerdem gibt es eine Menge, was sich mit relativ wenig Aufwand umsetzen lässt, aber mit dessen Hilfe ihr euch während der Pause richtig austoben könnt. Vom Basketballkorb bis zum Maxi-Mühlespiel – solche Dinge sorgen für mehr Spaß in der Pause. Weil das allerdings etwas Geld kostet, das die Schulen in der Regel nicht selber haben, solltet ihr bei der Elternvertretung um einen Zuschuss nachfragen. Vielleicht gelingt es auch, für Anschaffungen Sponsoren unter den Geschäftsleuten an deinem Wohnort zu finden. Immer gut: Ein Schulflohmarkt oder ein Schulfest spülen ordentlich Geld in leere Kassen, wenn ihr den Erlös für den Kauf von Pausenspielen zur Verfügung stellt.

Pauk-Picknick

Für ein gesundes Pausenbrot werden vermutlich deine Eltern sorgen. Klasse kommt aber auch ein Picknick mit deinen Mitschülern an. Vereinbart mit eurem Klassenlehrer einen festen Termin in der Woche oder im Monat, zu dem jeder Schüler Pausensnacks vorbereitet, die perfekte Nahrung für das Gehirn liefern. Hängt dazu eine Liste im Klassenzimmer auf, in die sich jeder einträgt und aufschreibt, was er mitbringen will.

Übrigens: Selbst skeptische Lehrer lassen sich garantiert von einer solchen gemeinsamen Frühstücksaktion überzeugen, wenn du auf den guten Einfluss auf das Klassenklima hinweist.

Urlaubsstimmung

Zugegeben, kaum jemand würde von sich aus auf die Idee kommen, mit seinem Lehrer in den Urlaub zu fahren. Steht aber eine Fahrt in ein Schullandheim an, muss das nicht Langeweile bedeuten. Ihr könnt für positive Urlaubsstimmung sorgen, indem ihr euch an der Auswahl des Ortes und der Vorbereitung der Fahrt beteiligt. So verhindert ihr von vornherein, dass das Actionprogramm aus Bastel- und Singabenden besteht. Teilt euch deshalb in Vorbereitungsteams ein und macht euch schlau, an welchen Orten spannende Ausflüge garantiert sind. In einer Action-Karte könnt ihr Ideen sammeln und vom Klettern über Kajakfahren bis hin zu Höhlenerkundungen alles notieren, was den optimalen Fun auf einer Fahrt verspricht. In der Klasse wird dann über eure »Traumreise« abgestimmt.

Film ab

Das Angebot an freiwilligen AGs im schulischen Nachmittagsprogramm erscheint dir eher unattraktiv? Das ist deine Chance für eigene Vorschläge! Wie wäre es mit einer Film-AG? Bestimmt tust du unter deinen Mitschülern schnell oscarverdächtige Schauspieler und Regisseure auf, mit denen du ein Drehbuch für eine eigene Schul-Soap oder einen Pauker-Thriller ausarbeiten kannst. Ist das Equipment an deiner Schule für den Filmspaß nicht vorhanden, heißt es, die notwendigen Geldquellen zu erschließen. Auch in diesem Fall findet sich vielleicht in der Kasse des Elternbeirats ein kleiner Zuschuss für die Ausstattung. Oder wie wäre es, wenn du mal herumfragst, ob sich Mütter und Väter dazu bereit erklären, ihre eigene Digital- oder Videokamera zur Verfügung zu stellen. Auf die gleiche Weise kannst du natürlich jede Art von AG zusammenstellen. Mit einem genauen Plan darüber, was in der AG laufen soll, wird es auch nicht schwerfallen, eine entsprechende Lehrkraft für das Abenteuer zu gewinnen.

Schule zum Verlieben

Süße Mädchen, süße Jungs – die Schule ist eigentlich ein idealer Ort, um sich richtig zu verknallen. Vorteil: Du siehst deinen Schwarm täglich und hast genügend Angriffspunkte, um Kontakt mit ihm aufzunehmen, falls ihr euch noch nicht so gut kennen solltet. Vielleicht hat dein Schwarm ja in einem Fach besorgniserregende Wissenslücken? Dann biete doch an, ihm Nachhilfe zu geben, und schon hast du ein Date für den Nachmittag in der Tasche. Zahlreiche Gelegenheiten zum Flirten findest du außerdem auf Schulpartys oder auf dem Pausenhof.

Beauty-Kur fürs Klassenzimmer

Das Klassenzimmer muss nicht zwingend der Ort des gelebten Grauens sein. Tapetenwechsel ist durchaus drin und wird auch deine Lehrer erfreuen. Ganz einfach, weil sie das Engagement ihrer Schüler schätzen, wenn es darum geht, das Lernklima zu verbessern. Dass dazu auch optische Aufheller beitragen können, ist ihnen natürlich bekannt. Beraumt mit eurem Klassenlehrer deshalb eine Extrastunde fürs Beauty-Brainstorming an und überlegt, was ihr schöner machen könnt. Wie wäre es mit einer Fotowand mit Bildern von allen Schülern, unter denen ihre nettesten Eigenschaften eingetragen werden? Toll auch eine kleine Pausenecke für schlechtes Wetter. Vielleicht könnt ihr ein Regal frei räumen, für das jeder Zeitschriften oder Bücher zum Stöbern von zu Hause mitbringt, falls es mal wieder in der Pause in Strömen regnet.

Geldsegen

Ein Trip mit dem Heißluftballon, ein Ausflug ins Erlebnisbad, ein Tag im Vergnügungspark – prickelnde Ideen für den nächsten Wandertag gibt es garantiert genug. Um einen öden Spaziergang kommt ihr aber nur herum, wenn sich das Vergnügen in finanziellen Grenzen hält. Leider muss man für viele Aktionen ganz schön tief in die Tasche greifen. Um sie trotzdem zu verwirklichen, könnt ihr mit eurer Klasse einen Flohmarkt veranstalten. Jeder mistet sein Zimmer aus mit der Vorgabe, zehn Gegenstände mitzubringen. Der Erlös wandert in die Klassenkasse. Schnell habt ihr ein schönes Sümmchen zusammen, das euch auch bei der Umsetzung eines kostspieligeren Wandertagvergnügens hilft.

Weihnachtswichteln

Ein Riesenspaß mit kleinem Aufwand, den schon die alten Schweden schätzten! Unter dem Begriff Julklapp wurden dort Freunde mit Kleinigkeiten beschenkt – natürlich ohne dass man den Namen des Schenkenden kannte. Der musste nämlich zum Schluss erraten werden. So betätigt ihr euch als Weihnachtswichtel beim Klassen-Julklapp: Vor der ersten Adventswoche wird ein Hut oder eine Schüssel herumgereicht. Darin befinden sich Zettel, auf denen jeweils ein Name eines Klassenkameraden vermerkt ist. Jeder Schüler muss einen Zettel ziehen und demjenigen, dessen Name draufsteht, jeden Adventsmontag ein Geschenk machen. Das sollte dann möglichst heimlich unter seine Bank oder in seine Manteltasche geschleust werden. Legt unbedingt vorher fest, dass die Geschenke nicht teurer als beispielsweise zwei Euro sein dürfen – das beflügelt die Kreativität.

An eurer Weihnachtsklassenparty müsst ihr raten, wer euch beschenkt hat, und anschließend könnt ihr bei Tee und Plätzchen das Geheimnis lüften.

Noch mehr heiße Tipps und coole Tricks zum Thema »Schule« von Karin Kampwerth:

Alles paletti! Lerntipps für Mathe, Deutsch & Co.
Alles locker! Schluss mit dem Prüfungsstress
Alles cool! Kein Ärger mit den Lehrern

Klassenbeste(r) in vier Wochen
So überlebst du die Schule
Alles, bloß kein Stress

Kampwerth, Karin:
Alles easy! Prima Klima in der Klasse
ISBN 978 3 522 20041 7

Einbandgestaltung: Michael Böttler
Innenillustrationen: Alexander Weiler
Satz und Aufbau:
Prill Partners producing, Berlin
Schrift: Excelsior
Reproduktion: LVD GmbH, Berlin
Druck und Bindung:
Friedrich Pustet, Regensburg
Erstveröffentlichung 2005
in »So überlebst du die Schule«.
© 2009 by Thienemann Verlag
(Thienemann Verlag GmbH), Stuttgart/Wien
Printed in Germany. Alle Rechte vorbehalten.
5 4 3 2 1°   09 10 11 12

www.thienemann.de